Annette Langen

Lucie
und der erste
Schultag

W0087359

Zur Erinnerung an deinen ersten Schultag am

....

Dieses Buch gehört

....

DIE AUTORIN

Annette Langen, geboren 1967, gestaltete als Lektorin viele Jahre das Programm eines Kinderbuchverlages. Ihre ersten Kinderbücher schrieb sie bereits neben der Arbeit als Lektorin. Ihr erstes Buch erschien 1989, bis heute sind über 70 weitere Titel erschienen. Teile ihres Werkes wurden in 29 Sprachen übersetzt. Seit 2000 ist sie ausschließlich freiberufliche Autorin. Ehrenamtlich setzt sie sich aktiv für die Leseförderung von Kindern ein: Annette Langen ist seit 2001 Patin einer Solinger Grundschule, seit 2011 LeseBotschafterin der Stiftung Lesen und übernahm 2012 die Schirmherrschaft für Mentoring Coesfeld. Mit ihren beiden Kindern lebt sie im Bergischen Land.

Weitere Infos zur Autorin unter
www.annettelangen.de

Von Annette Langen ist bei cbj erschienen:

»Kükenalarm in Kleeberg« (28001)

»Wilde Wetten in Kleeberg« (28002)

»Hitzefrei in Kleeberg« (28020)

»Liebesviren in Kleeberg« (28026)

»Mathilda, Mathilda! Drei ohne Punkt und Komma« (15389)

»Mathilda, Mathilda! Drei wie Wind und Wirbel« (15356)

Annette Langen

Lucie und der erste Schultag

Mit Illustrationen von
Michaela Heitmann

cbj
ist der Kinder- und Jugendbuchverlag
in der Verlagsgruppe Random House

MIX
Aus verantwortungs-
vollen Quellen
FSC® C005833

Verlagsgruppe Random House FSC-DEU-0100
Das FSC®-zertifizierte Papier *Profibulk* von Sappi
für dieses Buch liefert IGEPA.

2. Auflage
Originalausgabe Juni 2012
Gesetzt nach den Regeln der Rechtschreibreform
© 2012 cbj Verlag, München,
in der Verlagsgruppe Random House GmbH
Alle Rechte vorbehalten
Umschlag- und Innenillustrationen: Michaela Heitmann
Umschlaggestaltung: Basic-Book-Design,
Karl Müller-Bussdorf
MI · Herstellung: CZ
Satz: Buch-Werkstatt GmbH, Bad Aibling
Druck: Těšínská tiskárna, a.s., Český Těšín
ISBN 978-3-570-22316-1
Printed in the Czech Republic

www.cbj-verlag.de

Inhalt

*Für meine Schulpatenkinder
von der GGS Yorckstraße in Solingen
und für die vielen, die
ihnen noch folgen werden.
A.L.*

Lucie und Emil

Das sind Lucie und Emil. Beide sind schon sechs Jahre alt. Aber wenn Lucie gefragt wird, wie alt sie ist, sagt sie immer: »*Bald* werde ich sieben!« Dabei dauert es noch richtig lange, bis sie sieben wird.

Emil hat schon einen Wackelzahn. Lucie leider noch nicht, aber dafür kann sie schon ohne Stützräder auf ihrem roten Fahrrad fahren, so schnell wie die Feuerwehr.

So ganz ohne Stützräder, das traut sich Emil noch nicht. Aber das sagt er natürlich niemandem. »Das ist doch pupseinfach. Klar kann ich das. Meine Mama hatte nur noch keine Zeit, um die Stützräder abzuschrauben«, erklärt er stattdessen.

»Haha, als ob!«, ruft der große Alexander von gegenüber und läuft lachend davon.

»Hau ab, du blöder Alexander«, ruft ihm Lucie hinterher, nicht so furchtbar laut, aber doch so, dass es mutig ist. Dann grinst sie Emil an und

ruft:»Los, fang mich!« Emil ist ihr allerbester Freund, und die beiden spielen zusammen, bis sie abends nach Hause müssen.

Lucie und Emil wohnen beide im Tulpenweg, nur ein Haus auseinander. Da muss man richtig aufpassen, dass man nicht ins falsche Haus läuft. Denn alle Häuser im Blumenviertel sehen ziemlich gleich aus. Nur die Briefkästen, die Vorhänge und die Blumen vor der Haustür sind anders.

Da, wo Lucie zu Hause ist, sind die Blumen und auch der Briefkasten blau. Die Vorhänge mit den roten Herzchen, oben im ersten Stock, die hat sie sich selber ausgesucht. Dort ist ihr Zimmer.

Das kann man von der Straße aus nicht sehen, denn es geht zum Garten raus. Der ist so groß, dass nur ein Sandkasten, ein paar Büsche und ein Liegestuhl hineinpassen. So ist das auch bei Emil.

Nur Herr und Frau Schmidt, die ganz ohne Kinder im Haus zwischen ihnen wohnen, haben keinen Sandkasten im Garten, sondern einen flachen Teich. Da könnte man toll drin spielen, findet Lucie. »Oh nein«, ruft ihre Mama sofort. »Der Teich ist nur zum Angucken! Außerdem gehört er den Schmidts.«

Aber das macht nichts, denn auf dem Spielplatz im Blumenviertel haben Lucie und Emil viel Spaß. Da gibt es Schaukeln, eine Wippe und eine Rutsche. Und in ihrem Kindergarten stehen ein richtig hohes Klettergerüst und ein Weidentipi, in das man nur durch einen langen Kriechtunnel kommt. Doch leider werden Lucie und Emil dort nicht mehr lange spielen können. Warum nicht, willst du wissen?

Das nervt!

Bald haben die beiden ihren letzten Tag im
Kindergarten. Sie sind schon groß, so groß
wie richtige Schulkinder. Bestimmt werden sie
deshalb in letzter Zeit von fast allen gefragt: »Na,
kommt ihr bald in die Schule?«

Das fragen die Nachbarn von gegenüber, die
Schmidts von nebenan und das will auch die
alte Frau Blau vom Ende der Straße wissen. Aber
damit nicht genug!

»Na, Lucie, kommst du bald in die Schule?«,
fragen auch Lucies Patenonkel,
die Zahnärztin,

die dicke Marktfrau,
der Chef von ihrem Papa
und die Kolleginnen von ihrer Mama.

Auch Emil geht es nicht besser. »Es dauert nicht mehr lange, bald gehst du in die Schule!«, ruft der Bäcker, wenn Emil samstags Brötchen holt. »Bald bist du ein Schulkind«, kreischt seine Oma aus München ins Telefon. Sein Schwimmlehrer klopft ihm anerkennend auf die Schulter. »Na, freust du dich? Bald hast du dein Seepferdchen und dann kommst du in die Schule.« Das ist ja nicht zum Aushalten!

Emil will nichts mehr von der Schule hören. Er will auch nicht die funkelnagelneue Schultasche sehen, die schon in seinem Zimmer steht. Weg damit in den Schrank!, denkt Emil und knallt die Schranktüren zu, dass es scheppert.

Und als im Kindergarten die Vorschulkinder das nächste Mal etwas für die Schule ausmalen sollen, schmeißt Emil den Stift auf den Tisch, springt auf und brüllt:»Nein, ich gehe nicht zur Schule, ich werde Osterhase!«

Lucie stellt sich neben Emil und erklärt:»Und ich werde Weihnachtsmann!«

»So so«, sagt Kathi, ihre Erzieherin.»Aber dann könnt ihr den Rest des Jahres noch in die Schule gehen.«

»Nein, in die Schule gehen wir nicht!«, rufen Lucie und Emil entschlossen.

Wozu sollte Lucie auch in die Schule gehen? Immerhin kann sie schon ihren Namen schreiben, gaaaaaaaaaaaanz oft bis zehn zählen und ihr Lieblingsbuch, das kann sie auswendig»vorlesen«.

Emil findet, er muss auch nicht zur Schule gehen. Denn er kann schon alleine Brötchen holen, die Oma anrufen und bald hat er das Seepferdchen.»Pah, in die Schule gehen wir nicht!«, sagt Emil wild entschlossen.

»Genau, wir gehen nicht!«, ruft Lucie entschieden und fasst Emils Hand.

Dann geht es auf den Spielplatz hinaus. Emil und Lucie klettern auf das Klettergerüst, hoch hinauf bis in die Spitze.

»Weißt du, Emil, ich habe sowieso gar keine Zeit, zur Schule zu gehen. Denn ich habe schon etwas anderes vor.« Lucie guckt sehr geheimnisvoll.

»Was hast du vor?« Emil ist sehr gespannt.

»Ich verrate es nur dir, aber psst, nicht weitersagen!«, wispert Lucie, und dann flüstert sie Emil ins Ohr, was sie alles machen will, wenn sie *nicht* zur Schule geht.

Lucie will zur Feuerwehr und gefährliche Feuer löschen!

Sie weiß auch schon, wo sie wohnen will. In einem echten Schloss! Da hopst sie morgens und abends so wild auf dem großen Himmelbett – huiii –, bis ihre Krone in die Luft fliegt. Und wenn Lucie fertig gehopst hat, dann will sie einen echten Schatz im tiefen Meer finden. Aber damit nicht genug …

»Sag schon, was denn noch?«, flüstert Emil, und die Aufregung kribbelt in ihm wie Ameisen.

»Wenn ich von der Schatzsuche zurück bin, kommen viele Besucher von nah und fern, um zuzusehen, wie die große Zauberin Lu ihre weltberühmten und streng geheimen Zauber- tricks vorführt.«

»Das bist du, oder?«, fragt Emil und schaut Lucie an.

»Na, klar, das bin dann ich«, sagt Lucie. »Ich setze mir den schwarzen Zauberhut von deinem Papa auf, leihe mir natürlich auch noch seinen Zauberstab aus und sage: ›Simsalabim‹, ›Hokus- pokus‹ und so was. Du musst natürlich keinen Eintritt bei mir bezahlen. Aber ich habe noch viel mehr vor.«

Lucie will, so viel steht schon fest, jeden Tag ihre Lieblingskekse backen, die mit den Schoko- ladenstückchen – hmmm –, und alle bis zum letzten Krümel auffuttern! Das ist sehr praktisch, dann braucht man gar keine Keksdose.

Emil nickt begeistert. Schokoladenkekse klingen gut, sehr gut. »Aber manchmal, da könnte es auch Waffeln geben!«, sagt er. Die riechen immer so lecker und von Waffeln kann Emil nie genug bekommen.

Lucie nickt. »Ist okay«, sagt sie. »Aber etwas anderes ist noch gaaaanz wichtig.« Sie sieht sich um und wispert dann so leise, dass es nur Emil hören kann. »Ich will den großen Alexander von gegenüber richtig ordentlich erschrecken, weil der nämlich sooooo gemein ist!«

»Stimmt!«, ruft Emil. Auf dem Spielplatz lässt der große Alexander Lucie und ihn nie mitspielen. »Ne, solche Kindergartenbabys wie ihr zwei, die dürfen nicht mit uns Großen Verstecken spielen«, sagt er dann immer. Blöder Alexander!

»Also, Emil, jetzt weißt du, warum ich überhaupt keine Zeit habe, zur Schule zu gehen«, sagt Lucie und stellt sich auf die höchste Sprosse des Klettergerüstes. Sie hält die Nase in den Wind. »Das wird so was von spannend«, sagt Lucie, »dass es die ganze Zeit im Bauch kribbelt. So wie am Abend vor dem Geburtstag!«

»Du, Lucie«, flüstert Emil, und sein Herz schlägt schneller, »darf ich auch mitmachen? Ich will auch gar keine Zeit haben, um zur Schule zu gehen.«

»Abgemacht!«, flüstert Lucie und fragt: »Wann fangen wir damit an?«

Emil überlegt, dann grinst er und sagt: »Wenn das nächste Mal jemand fragt: ›Na, kommt ihr bald in die Schule?‹«

Na, kommt ihr bald in die Schule?

Und wirklich, als das nächste Mal jemand Lucie und Emil auf dem Spielplatz fragt: »Na, kommt ihr bald in die Schule?«, da schüttelt Lucie so wild den Kopf, dass ihr der Feuerwehrhelm fast runterfällt.

Emil steht stocksteif da, er ballt seine Fäuste, und dann brüllt er: »Nein, ich gehe nicht zur Schule, ich werde Osterhase!«

Und als Lucie das hört, ruft sie: »Und ich werde Weihnachtsmann!« Aber dann macht sie einen Satz in ihren feuerroten Gummistiefeln. »Und weil es bis Weihnachten noch so lange dauert,

gehe ich vorher zur Feuerwehr und werde
schlimme Feuer löschen!« Wie zum Beweis flitzt
Lucie sofort mit Tatü-Tata auf ihrem roten Rad
los. Immer im Kreis um den Spielplatz herum. So
schnell wie die echte Feuerwehr.

Emil folgt ihr mit ratternden Stütz-
rädern und brüllt immer wieder:
»Alarm, Alarm.« Die kleinen
Kinder staunen nicht schlecht.
Lucie und Emil hört man
bestimmt bis ans Ende der
Straße!

So laut sind sie, bis Lucie
eine Vollbremsung macht.
Stopp, denkt sie und dabei
wird es ihr ganz heiß. Woher
weiß ich, wohin ich mit dem
Feuerwehrauto fahren muss,
wenn es brennt? Ich kann ja
gar keine Straßenschilder lesen!
Hm, überlegt Lucie, ihre Mama

und ihr Papa, die können zwar lesen, aber die kann sie nicht immer mitnehmen. Schließlich müssen ihre Eltern ja auch zu ihrer eigenen Arbeit.

»Was ist?«, ruft Emil außer Puste und hält neben ihr an.

»Oje«, murmelt Lucie, »was ist, wenn ich mit dem Feuerwehrauto losfahren will, aber die brennenden Häuser nicht finde? Ob dann bald viele abgebrannte Häuser in der Stadt stehen werden?«

»Oh«, macht Emil und wird ganz still. Er hat schon mal ein abgebranntes Haus gesehen. Da gab es keine Fensterscheiben mehr und das Dach war auch kaputt. »Du, Lucie«, flüstert Emil, »wo gehen dann all die Menschen hin, deren Häuser abgebrannt sind? Die müssen doch irgendwo wohnen.« Traurig sind die Menschen so ganz ohne Zuhause bestimmt auch. Auf einmal wird es ihnen fast unheimlich zumute. Mitten auf dem Spielplatz.

Aber dann sieht Lucie etwas, schnell fasst sie Emils Hand. »Wie wir das bei der Feuerwehr machen, das müssen wir uns noch überlegen«, flüstert sie Emil ins Ohr. »Aber guck mal, wer da kommt.«

Emil sieht sich um. Tatsächlich, da kommt zu Fuß der große Alexander. Der immer alles schon kann, was Emil noch nicht kann. Der bestimmt vor nichts Angst hat. Der von sich immer sagt, er sei wild und gefährlich wie ein Dino.

»Weißt du, was wir jetzt machen?«, wispert Lucie verschwörerisch. Sie sieht Emil an.

Sofort kribbelt es in seinem Bauch. »Du meinst …?«, flüstert er und wirft einen raschen Blick zum großen Alexander herüber. Der ist weit genug entfernt, trotzdem flüstert Emil leise in Lucies Ohr, sicher ist sicher: »Du willst ihn jetzt ärgern? Jetzt sofort?«

Lucie nickt. »Na klar!«, sagt sie.

Lucie ist so mutig, denkt Emil, während es in seinem Bauch immer mehr kribbelt. Kein schönes

Kribbeln, sondern eher so, wie es kribbelt, wenn er zum Impfen zum Kinderarzt muss.

»Meinst du nicht, es fängt gleich an zu regnen?«, fragt Emil. Wenn es regnet, dann soll er immer sofort nach Hause kommen. Weil, wenn er nass wird, wird er noch krank, sagt seine Mama immer.

»Quatsch!« Lucie steigt auf ihr Rad. Zu allem entschlossen.

»Quatsch mit Soße«, sagt Emil und steigt auf sein Rad. Etwas langsamer. Emil holt tief Luft. Endlich wird er den großen Alexander ärgern und ihm mal beweisen, dass er kein Kindergartenkind mehr ist. Sein Herz schlägt schneller. Emil hat das Gefühl, dass er größer und größer wird, seine Aufregung auch.

Dann fällt ihm etwas ein. Etwas Wichtiges! »Lucie, wie ärgern wir denn den großen Alexander?«

Lucie rückt ihren Feuerwehrhelm zurecht. »Wir fahren an ihm vorbei und schreien ›Alexander, du

Eierloch‹ und nicht nur das, sondern einfach fast alle Schimpfwörter, die wir kennen.«

Es kribbelt in Emils Bauch, dieses Mal vor Freude. »Super, es kann uns auch nichts passieren, weil wir auf den Fahrrädern schneller flitzen, als Alexander rennen kann!«

Lucie nickt. »Und wir bleiben zusammen, abgemacht?«

»Ja!« Emil denkt noch kurz daran, was seine Mama sagen würde, wenn er so etwas Gefährliches macht. Aber das muss jetzt wirklich sein. Er fasst den Griff seines Fahrradlenkers und ruft: »Fertig, Lucie? Dann loooooooos!«

Eine wilde Flucht!

Emil saust auf seinem Rad mit den ratternden Stützrädern voran, bis vor die Schaukel, auf der der große Alexander sitzt.

»Was guckst du?«, ruft der große Alexander herausfordernd, aber Emil sagt nichts und wartet, bis Lucie neben ihm ist. Die beiden blinzeln sich zu, holen tief Luft, und dann brüllen sie: »Alexander, du Eierloch!«, und noch so ein paar andere Schimpfwörter, die sie zu Hause und im Kindergarten nie sagen dürfen. Ihnen wären sogar noch ein paar mehr eingefallen, doch da springt der große Alexander mit einem Satz von der Schaukel. »Na wartet, ihr Zwerge«, brüllt er, wild und gefährlich wie ein Dino.

»Nix wie weg«, schreien Lucie und Emil gleichzeitig. Sie treten in die Pedalen, beugen sich tief über die Lenker und sausen über den Bürgersteig davon. Aber hinter ihnen hören sie Laufschritte, und sie wissen, wer das ist. Die Schritte werden schneller, sie kommen näher. Nun hören Lucie

und Emil wildes Keuchen, während eine wilde und gefährliche Stimme schreit: »Na wartet, ich krieg euch!«

»Hier lang«, schreit Lucie, und sie biegen mit ihren Rädern rasant in eine andere Straße ab, fahren ein Stück geradeaus, biegen dann nach rechts ab. Lucie und Emil sausen weiter und weiter, bis sie keine Laufschritte, kein Keuchen und keine gefährlich wilde Stimme mehr hinter sich hören.

Lucies Wangen sind fast so rot wie ihr Regenmantel. Sie schnauft, nimmt den Feuerwehrhelm ab und fährt sich mit der Hand über die Stirn. »Puh«, japst sie außer Atem. Aber dann grinst sie mehr als zufrieden. »Dem blöden Alexander haben wir es aber wirklich gezeigt! Nicht wahr?«

»Oh ja!« Keuchend fährt Emil sich durch seine Haare, die nun wie Igelstacheln abstehen. Seine Knie sind von der wilden Flucht noch ganz zittrig, noch nie in seinem ganzen Leben ist er so rasant

Fahrrad gefahren. Aber, Emil ist sehr zufrieden, die ganze Zeit nur auf dem Bürgersteig, so wie er es seinen Eltern versprochen hat. Emil hebt sein Vorderrad hoch in die Luft. So wie echte Rennfahrer das machen. Noch nie hat er sich so stark gefühlt. »Lucie, das machen wir mal öfter«, ruft er und fühlt sich fast so groß wie der große Alexander.

»Ja«, nickt Lucie. »Weißt du was, Emil, das werden wir so oft machen, dass wir wirklich keine Zeit für die Schule haben.« Sie blickt sich um. Wo sind sie hier eigentlich? Die Häuser sehen aus wie in ihrer Straße. Aber Lucie weiß, dass das nie und nimmer ihre Straße ist, weil sie ja ein ganzes Stück mit den Fahrrädern geflüchtet sind. Auf einmal macht ihr etwas Sorgen. »Weißt du, wo es nach Hause geht?«, fragt sie Emil, und ihre Stimme klingt ängstlich. Ganz anders als sonst.

Emil nickt. »Das ist doch pupsleicht«, verkündet er und steigt auf sein Rad. »Du musst mir nur nachfahren.« Immer noch fühlt sich Emil fast so groß wie der große Alexander. Stolz fährt er voran, während ihm Lucie hinterherfährt. Aber auf einmal bekommt Emil einen Schreck und der ist ganz schrecklich. Alles sieht so ähnlich aus, er weiß gar nicht mehr, wo genau sie eben abgebogen sind. Emil blickt auf die Straßenschilder, kann aber nicht lesen, was dort steht.

»Super, schau, da ist ja mein Haus«, ruft Lucie fröhlich und zeigt auf die andere Straßenseite. Wirklich, da ist ein Haus mit blauen Blumen im Vorgarten und einem blauen Briefkasten. Sie schaut nach links und nach rechts, und als kein Auto kommt, flitzt sie über die Straße. Doch vor dem Haus bleibt Lucie wie erstarrt stehen. Da sitzt ein fremdes, kleines – so ein richtig kleines, mit dickem Windelpopo! – Kind auf *ihrem* Bobbycar und guckt sie neugierig an. Was macht das Kind denn da? Das kennt sie ja gar nicht.

Lucie läuft zur Tür, um Papa zu sagen, dass da ein fremdes Kind im Vorgarten auf ihrem

Bobbycar ist … doch da geht die Haustür auf. Eine fremde Frau kommt heraus. Lucie spürt, dass alles in ihr ganz still wird. Furchtbar still.

»Hallo«, sagt die fremde Frau freundlich zu Lucie. »Suchst du jemanden?«

Erst zittert Lucies Kinn, dann lässt sie ihr Fahrrad auf den Bürgersteig fallen, denn jetzt braucht sie beide Hände. Sie schlägt ihre Hände vor die Augen und schluchzt: »Woooo i-iiiiist meeeeein Zuuuuuuu-zuuuuuuuhause?« Dann fließen die Tränen. Sie laufen über, wie letztens das Waschbecken im Kindergarten, in dessen Ablauf Lucie eine Socke gestopft hat. Kathi, ihre Erzieherin, hat das Wasser abgedreht. Doch jetzt kann nichts und niemand Lucies Tränen aufhalten.

Als Emil sieht, dass die sonst so mutige Lucie so schluchzt und weint, laufen ihm auch die Tränen übers Gesicht.

»Aber, aber«, stammelt die Frau ratlos, während das kleine Kind auf dem roten Bobbycar auch losheult. Sie nimmt das Kleine auf den Arm, streicht Lucie und Emil über die Schultern und sagt immer wieder: »Es wird alles wieder gut.« Und als die beiden die Tränen weggewischt haben und wieder ruhig atmen können, da fragt die Frau: »Wo ist denn euer Zuhause?«

Verloren gegangen

Aber Lucie presst die Lippen aufeinander und sagt keinen Mucks. »Sprich nicht mit Fremden«, haben ihr Mama und Papa immer gesagt. Sie kennt die Frau nicht, also ist die Frau fremd. Aber ein schrecklicher Gedanke geht Lucie durch den Kopf. Wer soll ihnen dann helfen, wenn sie nichts sagen dürfen? Und Hilfe brauchen sie jetzt unbedingt. Das weiß Lucie genau.

Emil sieht Lucie unsicher an und fasst ihre Hand. Er weiß gar nicht, was er jetzt machen soll. Ob seine Mama ihn sehr vermissen wird, wenn er heute Abend nicht zu Hause ist? Wenn sie kein Kind mehr hat, das sie ins Bett bringen und dem sie einen Gute-Nacht-Kuss geben kann? Dann weint Mama bestimmt und Papa auch. Bestimmt werden seine Eltern allen sein verlassenes Zimmer zeigen und traurig sagen: »Seht, da hat unser Emil geschlafen, Memory mit uns gespielt und so tolle hohe Türme gebaut.« Emil schluchzt, das ist so furchtbar traurig, dass er es kaum aushält.

Die fremde Frau kniet sich vor die beiden, während das kleine Kind lustig in die Hände klatscht und singt. Etwas, das wie »Backe, backe, Kuchen« klingt. Voll der Babykram, denkt Lucie. Aber in diesem Moment wäre sie furchtbar gerne wieder ein Baby, das immer ganz nah bei seiner Mama ist. Lucie seufzt. Sie soll nicht mit Fremden sprechen. Was kann sie dann tun, um nach Hause zu finden? Wenn sie ganz laut schreien wird, ob das dann ihre Eltern bis in den Tulpenweg hören würden? Sie merkt, dass ihr wieder die Tränen kommen.

Die fremde Frau lächelt sie aufmunternd an.
»Hört mal, ihr zwei, ich will euch doch helfen.
Sagt mir jetzt, wo ihr wohnt, und dann bringe ich
euch nach Hause.«

Emil will alles tun, damit er nur wieder nach
Hause kommt. Wieder wirft er einen Blick auf
Lucie, die so aussieht, als ob sie kein einziges
Wort sagen wird. Hoffentlich wird sie nicht
wütend, wenn er jetzt was sagt. Emil hält Lucies
Hand ganz fest, als er leise sagt: »Wir wohnen
beide im Tulpenweg und haben uns verfahren.«

»Keine Sorge«, sagt die Frau, »es ist gar nicht
weit dorthin. Ihr seid hier im Rosenweg. Kommt,
ich zeige euch den Weg zum Tulpenweg.«

Da platzt Lucie damit heraus: »Wir haben
uns nur verlaufen, weil alles so gleich aussieht
und …« Sie schlägt die Hand vor den Mund.
Ob das schlimm war, dass sie etwas gesagt hat?
Kleinlaut fügt Lucie hinzu: »Oh, meine Mama
und mein Papa haben gesagt, ich soll nicht mit
Fremden sprechen.«

Die Frau nickt. »Aber wenn man Hilfe braucht, ist das bestimmt okay«, sagt sie. »Kinder, die sonst verloren gehen, sprechen auch mit der Polizei.«

»Boa«, ruft Emil, »das ist ja der Hammer!« Die Polizisten und Polizistinnen haben nämlich echte Pistolen und verhaften alle, die böse oder gefährlich sind. Deshalb findet Emil die Polizei noch viiiiiiiiiiiel besser als die Feuerwehr. Aber das sagt er Lucie lieber nicht.

Lucie und Emil schieben ihre Räder, während die fremde Frau neben ihnen geht und das kleine Kind auf dem Arm trägt. Lucie ist so froh, dass sie wieder nach Hause kommen wird, dass sie ganz viel erzählen muss. »Weißt du«, sagt sie zu der Frau, »wir mussten eben flüchten. Auf unseren Fahrrädern und verfolgt wurden wir auch!«

»Na, das ist heute ja ein echtes Abenteuer für euch«, sagt die Frau, und dann erzählt Lucie ganz schnell, wie gemein der große Alexander ist, wie toll sie ihn geärgert haben und wie blitzschnell sie dann vor ihm geflüchtet sind.

»Aber immer nur auf dem Bürgersteig!«, fügt Emil schnell hinzu und ist richtig stolz auf sich selbst. Die beiden hätten bestimmt noch mehr erzählt, doch dann bleibt die Frau an einem

Straßenschild stehen. Sie deutet hinauf:»Seht, darauf steht es: Tulpenweg«, sagt sie.

Zuerst kommen Lucie und Emil die Häuser nicht so bekannt vor, aber als sie bis zur nächsten Kreuzung gehen, macht Emils Herz einen Freudensprung, und er ruft:»Oh ja, jetzt sind wir nicht mehr verloren. Schau, da ist mein Haus! Das mit der weißen Bank.«

Lucie freut sich so, dass sie auf- und abhüpft wie ein Flummi und der fremden Frau zuruft:»Siehst du das mit dem blauen Briefkasten? Das ist mein Haus.«

»Das sieht wirklich so aus wie bei uns«, gibt die Frau zu.»Aber wisst ihr was, wenn ihr in die Schule kommt, dann könnt ihr bald die Straßenschilder lesen. Dann geht ihr nicht mehr verloren!«

Lucie hört auf zu hüpfen.»Echt?«, murmelt sie. Darüber muss sie mal nachdenken, wenn sie wieder zu Hause ist.

Bis die Kronen fliegen

Noch nie haben sich Lucie und Emil morgens so beeilt wie an diesem Tag. Wie die Feuerwehrleute springen sie in ihre Anziehsachen und auch das Zähneputzen geht heute Morgen ratzfatz. Auf dem Weg zum Kindergarten bleiben weder Lucie noch Emil ein einziges Mal stehen. Dabei kommen sie unterwegs an einer interessanten Baustelle mit Bagger und Betonmischer vorbei und an einer Wiese, auf der drei dicke Ponys stehen. Sonst will Lucie die immer mit Gänseblümchen füttern. Aber nicht heute! Oh nein, denn heute haben sie es brandeilig.

»Schnell, Emil«, japst Lucie und rennt mit wehendem Rock voran. »Wir müssen unbedingt als Erste an der Verkleidungskiste sein! Sonst wird das nichts mit unserem Königsschloss!«

»Das schaffen wir schon, Lucie«, ruft Emil und reißt die Tür zum Kindergarten auf. »Tschüss, Mama«, ruft Emil nur, schon ist er in seine Kindergartengruppe geflitzt. Sonst muss seine Mama ihm immer dreimal zum Abschied winken, einmal an der Gruppentür, einmal an der Kindergartentür und ein letztes Mal vom Parkplatz aus. Aber dafür hat Emil heute wirklich keine Zeit.

»Kathi, wir sind in der Tobe-Ecke«, ruft er mit tiefer Stimme. Wie cool das klingt, denkt Emil. In der Tobe-Ecke ist noch niemand. Dann sind bestimmt auch noch alle Kostüme in der Verkleidungskiste, die in einer Ecke steht.

Lucie stürzt sich gleich darauf, klappt den Deckel hoch und schnappt sich das rosa Prinzessinnenkleid, dessen Stoff beim Anziehen so schön knistert. »Fertig!«, jubelt sie.

Emil findet, dass Lucie jetzt wunderschön
aussieht, wie eine echte Prinzessin. Und das
Beste ist, dass niemand sonst mitspielen darf.
Damit jeder das kapiert, schiebt Emil schnell
eine Spielzeugkiste vor die Tür. Dann legt
er sich den roten Königsumhang um seine

Schultern, während Lucie sich durch die Verkleidungskiste wühlt, bis sie zwei goldene Kronen gefunden hat. Eine ist für Emil, die andere für sie selbst.

»Los«, sagt Emil und drückt seine Krone fest auf den Kopf, »jetzt hopsen wir so wild, bis die Kronen in die Luft fliegen.« Er springt auf die dicken Matten, die übereinander auf dem Boden liegen.

»Moment«, ruft Lucie energisch und schnappt sich einige gelbe Tücher, die aber auch golden sein könnten. »Vorher müssen wir doch noch die Tobe-Ecke in unser Schloss verwandeln!« Sie hängt die Tücher auf, bis der Raum so golden aussieht wie das Schloss einer echten Prinzessin.

Dann springt sie zu Emil auf die Hüpfmatratzen. Sie hüpfen auf und ab, dass ihre Haare wippen. Das Prinzessinnenkleid bauscht sich wie ein Fallschirm und der rote Königsmantel weht wie eine Fahne.

Emil hüpft so hoch und so wild er nur kann.
Erst fliegt seine und dann Lucies Königskrone
durch die Luft. »Umpf«, macht Emil plötzlich und
bleibt stehen.

»Was hast du gesagt?«, jauchzt Lucie. »Komm,
wir hüpfen weiter, bis wir grün werden.« Warum
hüpft Emil nicht mehr weiter? Grün ist sein
Gesicht jetzt schon.

»Umpf«, macht er wieder, und dann schlägt
er die Hand vor den Mund und rennt schnell
hinaus. Nur seine Krone bleibt zurück. Und Lucie.
Aber alleine macht das keinen Spaß mehr.

»Was ist denn mit Emil?«, fragt Lucie und
öffnet die Tür zum Gruppenraum.

Oje, dem armen Emil ist vor lauter Hüpfen
ganz schlecht geworden. So schlecht, dass er
erbrechen musste. Nun liegt er ganz blass mit
der Decke auf dem Sofa. Das dürfen immer nur
die Kinder, die krank sind. Lucie setzt sich zu
Emil und fasst seine Hand. »Weißt du, vielleicht
machen wir das Hüpfen im Schloss auch nicht

jeden Tag«, sagt sie leise. »Ich meine, wenn wir *nicht* zur Schule gehen.«

Emil hat die Augen geschlossen. »Das mache ich nie wieder«, stöhnt er. »Mir ist sooooo schlecht.« Bis zum Mittagessen bleibt Emil auf dem Sofa.

Lucie geht wieder in die Tobe-Ecke, alleine mit zwei Königskronen, einem Königsumhang und einem Prinzessinnenkleid. Doch dann kommen Lukas, Okan und Jan-Niklas hinzu und machen das Schloss kaputt, obwohl Lucie es ihnen verbietet. Was ist das heute für ein blöder Tag.

Mittags gibt es auch noch Blumenkohlauflauf im Kindergarten. Den hasst Lucie fast genauso wie die Frage, wann sie in die Schule kommt. Und dann verteilt ihre Erzieherin noch eine Aufgabe an die Vorschulkinder. Lucie und Emil sollen ein Hausdach mit vielen kleinen Dachpfannen malen.

Emil ist so sauer, dass er seinen Stift wie eine Klobürste packt. Als er malt, kratzt der Stift auf dem Papier. »Fertig!«, knurrt Emil.

»Ah ja«, sagt Kathi, die Erzieherin, als sie sein Blatt ansieht. »Was hast du denn da gemalt, Emil?«

»Das ist ein Haus mit Ohren!« Emil springt auf.

Lucie malt auch schnell Ohren an ihr Haus. »Hat mein Haus auch«, sie stellt sich neben Emil. Beide sind froh, als es endlich heißt: »Lucie und Emil, ihr werdet abgeholt!«

Abra-Kaba-Kakaba oder so ähnlich

Heute werden sie von Emils Mama abgeholt.
Lucie geht mit zu ihnen, bis ihre Mama von der
Arbeit kommt. Als Emils Mama hört, dass es ihm
schlecht geworden ist, ist sie ganz besorgt und
will, dass sie heute Nachmittag unbedingt etwas
Ruhiges spielen.

So ein blöder Tag, denkt Lucie und hofft, dass
das Fahrradfahren und Rutschen nicht ganz ruhig
werden muss. Plötzlich zuckt sie zusammen, weil
ihr etwas Furchtbares einfällt. Der große Alexander, der immer sagt, er sei wild und gefährlich
wie ein Dino, wird heute noch stinksauer auf sie

und Emil sein. Lucie sieht sich rasch um. Überall im Blumenviertel kann er ihnen auflauern! Und wenn er sein Fahrrad mitnimmt, dann können sie nicht mehr vor ihm flüchten. Dann wird er sie und Emil erwischen, dann …

»Oh, Lucie«, sagt Emils Mama besorgt, »du bist ja auch ganz blass um die Nase. Ist dir nicht gut?«

Stumm nickt Lucie. Ja, wenn sie drüber ein bisschen nachdenkt, dann ist ihr wirklich nicht gut. Vor allem wenn sie bedenkt, wie wütend der große Alexander sein wird. »Vielleicht bleiben wir heute besser im Haus«, sagt sie mit schwacher Stimme. So wie ein krankes Kind klingt.

»Ja, das ist bestimmt besser, wenn ihr euch drinnen etwas ausruht«, antwortet die Mutter.

»Was?«, ruft Emil und schaut Lucie ungläubig an. Wenn die Sonne scheint, dann spielen sie immer draußen. Wieso soll das heute anders sein?

Seine Mutter gibt ihm einen Stups. »Siehst du denn nicht, wie blass die arme Lucie ist?« Sie sperrt kopfschüttelnd die Haustür auf.

Da flüstert Lucie Emil ins Ohr: »Denk mal dran, was der große Alexander mit uns macht, wenn er uns heute erwischt!«

Plötzlich ist auch Emil ziemlich blass. Als das seine Mutter sieht, jammert sie: »Oh Gott«, und läuft gleich in die Küche. »Ihr seid beide krank. Ich koche euch sofort einen Fencheltee und dann esst ihr ein paar Zwiebäcke. Das ist bestimmt wieder so ein …«

Aber den Rest hören Lucie und Emil nicht mehr, da sind sie längst in Emils Kinderzimmer hinaufgerannt. Lucie grinst Emil an. »Weißt du, was wir jetzt machen, hm?«, fragt sie und macht es so richtig spannend, bis sie es endlich verrät. »Ich gebe eine Zaubervorführung. Nur für dich!«

»Ach«, sagt Emil, der viel lieber Quartett spielen will. »Das kann mein Papa, du aber nicht.«

»Pah!«, ruft Lucie. »Her mit dem Zauberhut von deinem Papa, und du wirst sehen, dass ich die große Zauberin Lu bin!«

Und weil Lucie keine Sekunde länger damit warten kann, schleicht Emil leise in das Zimmer seiner Eltern, klettert auf den Stuhl und holt den Zauberhut von seinem Vater herunter. Nur den Zauberstab kann er nirgends finden.

»Sehr gut«, sagt Lucie und setzt sich den Zauberhut auf. Aber, hoppla, der reicht ihr bis über die Augen. Sie lacht und legt sich Emils dicken Affen auf den Kopf. Nun setzt sie den Hut wieder auf und jetzt kann sie noch etwas sehen!

Vorsichtig, damit der Zauberhut nicht vom Kopf fällt, geht sie herum. »Emil, mir fehlt noch ein Umhang, so wie ihn Zauberer tragen.«

Emil schüttelt den Kopf. »So was hat mein Papa nicht, der zaubert immer in einem schwarzen Anzug.«

»Ich brauche aber etwas Geheimnisvolles, sonst sehe ich nicht wie die Zauberin Lu aus«, sagt

sie und geht durch Emils Zimmer. Dann fällt ihr
Blick auf Emils Vorhänge. Die sind dunkelblau
mit goldenen Sternen. »Das ist es«, erklärt Lucie.
»Einen leihe ich mir kurz aus, ja?«

Emil sagt nicht »ja« und auch
nicht »nein«. Aber er weiß nicht,
was seine Mama davon halten
wird, was Lucie nun macht. Sie
klettert auf Emils Hochbett, fasst
einen der Vorhänge und zieht
ihn einfach von der Vorhang-
stange herunter. Lucie legt sich den
nachtblauen Stoff um die Schultern
und verkündet feierlich: »Nur du darfst
zusehen, wenn die große Zauberin Lu
zaubert!« Sie schwenkt ihren Zeigefinger
wie einen Zauberstab und ruft: »Abra-Kaba-
Kakaba ...«

Emil fängt an zu lachen und hört nicht damit auf.

»He«, zischt die große Lu, »du musst ›Bravo‹
rufen und klatschen! Lachen gilt nicht.«

»Haha«, lacht Emil weiter und schnappt nach Luft. »Das heißt doch nicht Abra-Kaba. Zaubern hat doch nichts mit Kaba zu tun.« Und wieder lacht er.

»Pah«, sagt die Zauberin Lu, schwenkt den Finger und ruft. »Abra-Rhabarba …«

Weiter kommt sie nicht. Emil rollt sich auf dem Boden umher und kreischt: »Rhabarber, das ist doch Marmelade.« Er lacht und lacht, während die große Zauberin Lu das kein bisschen lustig findet. Wieso redet Emil von Marmelade?

»Abra-Gelaber«, auf einmal fällt ihr gar kein Zauberspruch mehr ein. Dabei will sie doch zaubern, wenn sie *nicht* zur Schule geht. »Du darfst nicht mehr zu meinen Vorstellungen kommen!«, verkündet die große Zauberin Lu streng, während sie Umhang und Zauberhut ablegt, und fügt hinzu: »Ich muss mir sehr überlegen, ob du noch mit auf Schatzsuche kommen kannst.« Es passiert das, was Lucie gedacht hat.

»Bitte«, sagt Emil, »nimm mich mit!«

Ahoi, auf Schatzsuche

Aber bevor sie zu der Schatzsuche aufbrechen können, müssen sie am Küchentisch noch einen Tee trinken und Zwieback knabbern. Und wie Emil so einen Zwieback knabbert, da fällt ihm ein, dass alle Piraten Zwieback an Bord hatten. Natürlich sind die Piraten auch auf Schatzsuche gegangen. So wie er und Lucie! Emil holt Luft, verschluckt sich an den staubtrockenen Zwiebackkrümeln und hustet. Lucie klopft ihm auf dem Rücken.

»Geht's wieder?«, ruft seine Mutter aus dem Vorgarten.

»Alles klar …«, antwortet Emil mit tiefer Stimme, wie der wildeste aller Piraten, und fügt, zu Lucie gewandt, leise hinzu: »… für unsere Schatzsuche«.

Lucie denkt, sie hört nicht richtig. Wieso weiß Emil auf einmal, wo sie zur Schatzsuche hinmüssen? Immerhin wollen sie ja einen Schatz auf dem tiefen Meeresgrund finden. Außerdem lauert da draußen irgendwo der große Alexander. »Ist das heute nicht *etwas* zu gefährlich?«, wispert sie zurück. Sie sagt extra *etwas* zu gefährlich, damit Emil nicht denkt, sie sei ein Angsthase. Das ist sie nämlich nicht. Ganz und gar nicht.

»Nein«, erklärt Emil entschieden, und er strahlt wie ein Tannenbaum. Ohne etwas zu sagen, aber das tun die Tannenbäume ja auch nicht.

»Sag's schon«, wispert Lucie und zwickt Emil. Aber er sagt noch immer nichts. Da trinkt Lucie noch einen Schluck Tee. Besser ist das, sonst verstauben diese trockenen Zwiebäcke noch ihren Bauch.

»Wir müssen sofort aufbrechen«, verkündet Emil und steht auf. Er deutet zum Vorgarten, wo seine Mutter Unkraut jätet. »Aber leise!«

Nun versteht Lucie kein Wort mehr. Wie sollen sie unbemerkt aus der Haustür und an Emils Mutter vorbeikommen? Aber Emil öffnet die hintere Terrassentür. »Pssst«, macht er und legt den Finger auf die Lippen. Er streckt den Kopf hinaus und lauscht. »Die Luft ist rein«, wispert er, und sein Herz macht einen Freudenhopser, denn so, genau so, sprechen echte Piraten.

Emil schleicht voran durch den Garten, und weil der wirklich winzig ist, stehen sie im Nu am Gartenzaun. Lucie kann von dort sogar bis zu ihrem eigenen Garten sehen. »Wo willst du denn hin, Emil?«, flüstert sie.

Emil deutet auf den flachen Gartenteich der Schmidts, den man nur angucken darf. »Es ist ein kleines, aber sehr gefährliches Meer«, sagt er leise mit seiner Piratenstimme. »Niemand weiß, wie viele Schiffe darin schon gesunken sind.«

Lucie atmet schneller. So spannend war bis jetzt noch nichts. So sehr verboten auch noch nicht. Lucie weiß ganz genau, was ihre Mama über diesen Teich gesagt hat. Sie räuspert sich. »Emil, wir dürfen den nur …«

»Aber Lucie!« Emil ist wirklich empört. »Echte Piraten fragen doch nicht, ob sie ein Schiff angreifen oder einen Schatz heben *dürfen,* oder? Sie tun's einfach!«

»Stimmt!«, sagt Lucie, und jetzt ist sie eine wilde Piratin und durch nichts mehr aufzuhalten. Außer durch den Gartenzaun. Ratlos stehen die beiden davor. Der Zaun ist zu hoch, als dass sie drüberklettern könnten. »Wir graben uns durch«, wispert Lucie wild entschlossen. Immerhin haben sich ein paar Kinder auch schon mal unter dem Zaun des Kindergartens durchgegraben. So schwer kann das nicht sein. Sie holen Emils Schaufel aus dem Sandkasten, und er entdeckt, dass man damit den Zaundraht etwas hochhalten kann. Lucie klettert als Erste darunter hindurch

ins Piratenland, dann gibt Emil ihr die Schaufel,
und er rutscht hinterher. Geduckt schleichen sie
sich ans Ufer des gefährlichen Meeres.

»Pssst, leise«, wispert Emil, »die anderen
Piraten lauern bestimmt auch auf den Schatz!«
Zwischen rosa Seerosen taucht er seine Hände
so langsam in den Teich, dass es keine Wellen

gibt. Er tastet nach versunkenen Schätzen. Lucie macht das auch. Aber dann quietscht sie laut auf. Da war etwas Glitschiges im Wasser.

Emil bekommt so einen Schreck, dass er nach etwas greift, um sich festzuhalten – und das ist Lucies Arm. »Ahha«, schreit Lucie und schwankt. Beide können sich so gerade noch ans Ufer fallen lassen. Lucies Herz schlägt nicht, es rast.

»Puh, das war knapp«, keucht Emil.

Lucie nickt und lässt ihre Hände durch das grünbraune Wasser gleiten. Sie will unbedingt einen Schatz finden, aber bloß nicht ins Wasser fallen. Wenn man in so einem Teich untergeht, dann sieht einen niemand. Plötzlich wird es ihr sehr unheimlich, sie will Emil sagen, dass sie nach Hause gehen sollen. Aber dazu kommt Lucie nicht mehr. Denn hinter ihnen ruft eine tiefe Männerstimme: »Hab ich euch!«, so laut und so böse wie ein Pirat.

Lucie schreit, so laut sie nur kann, und Emil brüllt: »Hilfe, Mama! Hilfe!« Dabei ist es Herr

Schmidt von nebenan, aber das haben sie in dem Moment ganz vergessen. Dann gibt es ein großes Donnerwetter. Ihre Eltern und Herr Schmidt sagen so allerlei; dass man nicht auf fremde Grundstücke gehen darf, dass Teiche für Kinder gefährlich sind und und und. Als sie sich bei Herrn Schmidt entschuldigt haben und alles vorbei ist, denkt Lucie: Die Schatzsuche kann ich auch vergessen! Was bleibt mir eigentlich noch, wenn ich *nicht* in der Schule bin?

Leckerschlecker, Plätzchenbäcker

Kekse backen!, denkt Lucie. Das ist etwas, das sie machen will, wenn sie *nicht* zur Schule geht.

Am nächsten Tag ist Lucie-Oma-Tag. Dann holt ihre Oma sie und Emil im Kindergarten ab. Die Oma von Lucie ist richtig toll, die kann lustige Geschichten erzählen, mit der Zunge die Nasenspitze berühren und manchmal geht sie auch mit Lucie schwimmen. Aber heute weiß Lucie genau, was sie machen will. »Oma, können wir Kekse backen? Die mit den Schoko-ladenstückchen, am besten die ganze Küche voll«, ruft sie.

»Mal sehen, mal sehen«, sagt die Oma von Lucie und setzt sich ihre Brille auf. Sie schaut auf das Backrezept, dann in den Kühl- und in den Küchenschrank. Lucie hält den Atem an. Hoffentlich fehlt jetzt nichts, was man braucht, um ihre Lieblingskekse zu backen.

»Wunderbar, alles da!« Die Oma klatscht in die Hände. »Ab zum Händewaschen!« Lucie und Emil kommen ziemlich schnell zurück. »Mit solchen Dreckpfoten kann man nicht backen«, sagt die Oma. Jetzt geht's noch einmal ins Bad, dieses Mal zu dritt.

Dann sucht die Oma Schürzen heraus. Emil will keine anziehen, denn da sind Blumen drauf. »Ich bin doch kein Mädchen«, jammert er. »Gleich beim Backen staubt es so doll, dass man die Blumen nicht mehr sieht«, sagt die Oma und bindet Emil eine Blumenschürze um. »Leckerschlecker, Plätzchenbäcker«, singt Lucie vor sich hin und schiebt einen Stuhl an die Arbeitsplatte heran. Sie will auf keinen Fall etwas verpassen, wenn gebacken wird. Emil bekommt ihren Schemel, während die Oma die blaue Backschüssel, den Mixer und alle Zutaten herausholt.

»Guck mal, ich kann das!«, ruft Emil und will gleich die Eier in die Schüssel hauen. Vier auf einen Schlag.

»Stopp!«, schreit die Oma, und sie hilft ihnen, Ei für Ei in die Schüssel zu schlagen.

Lucie ist sehr großzügig. »Emil darf den Mixer halten«, sagt sie, denn der ist ihr viel zu laut. »Schneller, Propeller«, ruft Emil und stellt den Mixer auf die schnellste Stufe. Der Mixer surrt, Lucie gibt die Butter hinzu, und Emil verrührt alles, bis die Oma ruft: »Genug, das reicht.«

»Echt?«, fragt Emil und zieht den Mixer aus der Schüssel. Der dreht sich weiter wie ein Propeller! Gelbe Sprenkel fliegen wild durch die Küche, bis die Oma den Stecker rauszieht.

Es ist still in der Küche. Jetzt wo die Oma, die Küchenfliesen und Emil gelb gesprenkelt sind,

macht Lucie sich etwas Sorgen, richtig große Sorgen! »Haben wir noch genug Teig für die Kekse?«, fragt sie.

»Tja«, sagt die Oma und wischt sich einen gelben Spritzer von der Brille. »Das werden wir sehen.«

Am liebsten hätte Lucie gleich die nächsten Zutaten in die Schüssel gekippt. Aber das geht nicht. Sie müssen zuerst alles genau abwiegen. Mal muss der rote Zeiger der Küchenwaage auf die 2-2-5, mal auf die 1-7-5 zeigen. Es ist sehr verwirrend. Dann wird der Teig gerührt. Aber jetzt hält die Oma den Mixer. Sicher ist sicher, denkt Lucie, sonst ist nachher kein Teig mehr für die Kekse übrig.

Zwischendurch muss der Backofen angestellt werden. Auch hier stehen so fremde Zahlen, wie 1-8-0, 2-0-0. Das muss furchtbar viel sein, viel mehr als fünf, da ist sich Emil ganz sicher.

Lucie seufzt. Emil auch. Es ist sehr anstrengend, Kekse mit der Oma zu backen. Die macht alles so genau. Sie wischt sogar die Mehltüte ab, bevor sie die wieder in den Schrank stellt. Wie von selbst wandert Emils Finger in die Teigschüssel. Lucies folgt.

»Kinder, nein!«, schreit die Oma entsetzt. »Ihr könnt nicht vom Teig naschen. Da sind rohe Eier drin, davon kann man schlimm krank werden.«

Emil fände es nicht so schlimm, krank zu werden, wenn er vorher die ganze Schüssel ausschlecken darf. Aber die Oma bleibt hart, bis sie – ruckzuck – die Kekse in den Backofen schiebt.

Wieder seufzt Emil. Etwas länger und ziemlich traurig. Aber niemand tröstet ihn. Die Oma seufzt auch. Sie lässt einen Eimer voll Wasser laufen, gibt Schaum hinzu und wischt die gelben Sprenkel von den Küchenfliesen ab. Lucie pustet Seifenblasen, bis endlich zwei duftende Bleche Kekse aus dem Backofen kommen.

Emil weiß schon ganz genau, welchen Keks er haben will. »Darf ich den da?«, fragt er ganz höflich. Seine Mama wäre stolz auf ihn. Unbedingt möchte Emil den größten Keks, aus dem saftige Schokostückchen herausragen.

»Bloß nicht«, japst die Oma. »Von warmen Keksen gibt es Bauchweh!«

Wie soll man das aushalten? Inmitten vom schönsten Plätzchenduft keinen Keks probieren zu dürfen? Emil hat die Nase voll. Er steht auf und will nach Hause gehen. Dorthin, wo es warme Waffeln gibt. Natürlich nicht jeden Tag, aber zu Geburtstagen und wenn Besuch kommt. Aber bei ihm zu Hause ist noch niemand. Nun muss Emil mit den Tränen kämpfen. So allein fühlt er sich, trotz der duftenden Kekse. Am liebsten hätte er sich verkrochen, so wie Muffin das macht, seine Schildkröte.

Als Emil abgeholt wird, sagt er ernst: »Lucie, ich gehe doch zur Schule!« Oh, da macht Lucie aber Augen. Aber Emil weiß jetzt, wer backen will, muss richtig schwere Zahlen kennen. Da hilft nichts.

Geh weg!

Lucie steht da wie angewachsen. Sie macht den Mund auf und wieder zu. Ohne etwas zu sagen. In ihr herrscht so ein Durcheinander wie in ihrer Spielzeugtruhe. Wütend ist sie, oh, furchtbar wütend, auf diesen blöden Emil, der plötzlich nicht mehr mitmachen will, obwohl sie das doch alles genau besprochen haben. Gleichzeitig ist sie furchtbar traurig, weil sie nun ganz allein sein wird, wenn sie *nicht* zur Schule geht. Lucie schluchzt, es tut weh, so traurig zu sein. Und enttäuscht ist sie auch, weil gar nichts so klappt, wie sie sich das vorgestellt hat.

- Zur Feuerwehr gehen und schlimme Brände löschen, geht nicht.
- Im Schloss hopsen, bis die Kronen fliegen, das macht alleine kein bisschen Spaß.
- Zaubern – pah, wozu, da lacht dieser blöde Emil sie nur aus.
- Die Schatzsuche im gefährlichsten aller Meere – niiiiiiiiie wieder! So ein Donnerwetter wie gestern, das reicht für alle Zeit.
- Plätzchen backen mit der Oma? Lucie schaut auf. Ihre Oma sackt auf das Sofa und japst: »Bin ich fertig!« Ne, denkt Lucie, jeden Tag ist mir das auch viel zu anstrengend.

Aber – was macht sie nun?

Nur noch den großen Alexander ärgern? Hm, überlegt Lucie, das ist zwar gefährlich, aber schön aufregend. Doch was ist, wenn sie dann wieder im Blumenviertel verloren geht? So ganz alleine?! Lucie will nicht noch einmal so eine Angst haben.

Das ist alles so gemein. Nichts geht so, wie es soll, sie stampft mit dem Fuß auf. Und noch einmal, sonst müsste sie weinen. Aber nur *fast,* wenn sie nicht so wütend wäre. Und daran ist nur einer schuld. Emil!

»Dieses Eierloch, dieser …« Lucie zischt die schlimmsten aller Schimpfwörter, während sie in den Flur flitzt, die Haustür aufreißt und in Stoppersocken zwei Häuser weiter rennt. An dem Haus mit der weißen Bank klingelt sie Sturm. Emil öffnet die Tür. Er sieht erst Lucie unsicher an und dann seine geringelten Socken.

Aber Lucie weiß genau, was sie ihm sagen will: »Dass du es nur weißt, du Eierloch«, brüllt sie so laut, dass man es bestimmt bis ans Ende der Straße hört. »Ich will auch gar nicht mehr mit dir zur Feuerwehr, auf Schatzsuche gehen oder zaubern. Ich will niiiiiiiiiiiiie mehr mit dir Plätzchen backen oder hopsen, bis du grün wirst. Denn …« Lucie stellt sich vor Emil und gibt ihm einen festen Stups, so fest sie kann. Aber Emil kippt nicht um. Er bleibt stehen und dann fasst er Lucies Hand. »Komm schnell rein«, sagt Emil leise, und seine Stimme klingt ängstlich.

»Nein!«, brüllt Lucie da. »Ich komme nie mehr zu dir. Nie, nie wieder!« Und sie dreht sich herum. Und bekommt einen furchtbaren Schreck.

Vor ihr auf dem Bürgersteig steht der große Alexander und er sieht so wild und gefährlich aus wie ein Dino. »Jetzt hab ich dich!«, sagt er und kommt langsam auf Lucie zu.

»Lass Lucie in Ruhe«, hört sie Emils Stimme hinter ihr, irgendwo im sicheren Haus. Aber Lucie ist jetzt so furchtbar wütend, dass sie platzen könnte. »Was willst du?«, brüllt sie dem großen Alexander entgegen.

»Das wirst du sehen.« Grinsend versperrt er ihr den Weg. Da kommt Lucie nicht vorbei, das weiß sie. Aber das ist ihr egal. »Geh weg«, zischt sie. »Ich will hier durch!« Aber der große Alexander steht ihr immer noch im Weg.

»Lass mich vorbei«, zischt Lucie. »Sofort!«, und sie geht auf den großen Alexander zu.

»Oh, da kriege ich ja Angst!«, kreischt er gespielt entsetzt, geht aber kein Stück zur Seite.

Aber da hat er nicht mit Lucie gerechnet, die so furchtbar enttäuscht-wütend-traurig ist, dass in ihr gar nicht mehr genug Platz für alle diese Gefühle ist. Etwas in ihr explodiert, sie stürmt auf den großen Alexander zu wie ein ICE und schubst ihn zur Seite.

Damit hat der große Alexander nicht gerechnet, er taumelt und fällt hin. Mitten auf seinen Ellenbogen. Autsch, das tut echt weh. So weh, dass die Tränen ganz von selbst in die Augen kommen.

Lucie beugt sich zu dem großen Alexander und brüllt: »Merk dir eines, ich gehe, wohin ich will!« Und dann geht sie nach Hause. Ohne sich noch einmal umzudrehen.

Ihre Wut ist weg, aber die Traurigkeit in Lucie ist so groß wie ein Ozean. Und sie schwappt über. Lucie weint und weint. Emil ist nicht mehr ihr bester Freund.

Zu Besuch in der Schule

Lucie redet nicht mit Emil und Emil redet nicht
mit Lucie. So geht das schon zwei Tage lang.
Am dritten Tag ruft Kathi, ihre Erzieherin:
»Heute besuchen sechs Vorschulkinder ihre neue
Schule.« Lucie ist dabei und Emil auch. Natür-
lich müssen sie in Zweierreihen zur Schule gehen,
aber Lucie geht nicht mit Emil, sondern mit
Okan!

Als sie an der Schule ankommen, schaut Lucie
hoch. Die ist ja riesig! »Viiiiiiiiiel größer als unser
Kindergarten«, murmelt Okan und hält Lucies
Hand ganz fest. In Lucies Bauch kribbelt es so

seltsam, aber sie holt tief Luft und sagt:»Okan, das muss so sein, die Schule ist ja für große Kinder!«

Entlang der Schulhofmauer gibt es viele Büsche und Hecken, wo die Schulkinder bestimmt Verstecken spielen. Lucie entdeckt eine Stange. Sie hat gehört, dass man daran einen Überschlag machen kann. Die großen Mädchen im Blumenviertel nennen das die »Todesrolle«. Lucie weiß nicht, wann sie sich das traut! In einer Ecke entdeckt sie kleine Häuschen, so richtig mit Fenstern und Tischen. »Guck mal, darin könnte man toll Geschäft spielen«, ruft Lucie begeistert. Aber Okan hat nur Augen für das Fußballfeld. »Hammer, das sind Jugendtore!«

Plötzlich heult eine Sirene. Lucie und Okan sehen sich entsetzt um. Ob es hier irgendwo brennt? Doch Kathi sagt, dass das die Schulklingel ist, die läutet, wenn eine Schulstunde anfängt oder aufhört.

»Jetzt müssen wir uns beeilen!«, ruft ihre Erzieherin und hält die große Schultür auf. Sechs Vorschulkinder huschen hinein. Ihre Schritte hallen durch die langen Gänge. Lucie schnuppert. Es riecht nach Büchern, Kreide und Turnschuhen. Viele Türen gehen von dem Gang ab, dahinter sind die Klassenzimmer, sagt Kathi.

Überall hängen viele bunte Bilder, Jacken und Turnbeutel an Garderoben. »Fast wie bei uns im Kindergarten«, sagt Lucie, als Kathi vor einer Tür stehen bleibt.

Ihre Erzieherin legt den Finger auf die Lippen. Es wird mucksmäuschenstill. »Das ist das Klassenzimmer der 2A. Die Schulkinder wissen schon, dass wir kommen, und freuen sich auf euch.« Sie öffnet die Tür zum Klassenzimmer.

Lucie sieht zuerst die große grüne Tafel. Ob sie da später mal mit Kreide darauf schreiben darf? Das muss ja richtig viel Spaß machen.

Der Lehrer sieht nett aus. Er sagt ihnen, wo sie sich hinsetzen sollen, und dann begrüßen

alle Schulkinder im Chor die Vorschulkinder.
»Guuuu-ten Moooorgen, Vor-schul-kinder«,
rufen sie.

Dann darf Okan nach vorne kommen und an
jedes Vorschulkind ein Aufgabenblatt verteilen.
Lucie legt sofort los und malt eine Schultüte aus,
so schön bunt, wie sie nur kann. Zuletzt schreibt
sie ihren Namen – ganz ordentlich – darunter.
Sie schaut zu Emil herüber. Ob er das mit dem
Malen gut schafft?

Aber heute hält Emil den Stift nicht wie eine
Klobürste, sondern so, wie sie es im Kindergarten
gelernt haben. Der Lehrer findet alle Bilder schön
und dann darf jedes Vorschulkind sich kurz
vorstellen.

Okan verrät, dass er Fußball spielt und Profi
werden will, wenn er groß ist.

Emil erzählt, dass er eine Schildkröte hat, die
Muffin heißt, und dass seine beste Freundin
gleich nebenan wohnt. Dabei sieht er Lucie nicht
an.

Als Lucie ihren Namen nennt, wird in der Klasse gewispert und geflüstert. Ob sie etwas Falsches gesagt hat? Ihre Hände sind auf einmal feucht und ihr Mund ist so trocken.

Der Lehrer steht vor der Tafel und macht ein geheimnisvolles Zeichen mit den Fingern. Es wird ruhig in der Klasse. »Seht ihr, das ist unser Ruhezeichen«, sagt er zu den Vorschulkindern. Dann lächelt er Lucie freundlich an. »Jetzt ist es leise genug. Erzähl uns etwas von dir, Lucie.«

Lucie holt Luft und erzählt, dass sie leider keine Haustiere haben darf, weil ihr Papa allergisch ist. Aber dafür hat sie eine Oma und die kann mit der Zunge bis an die Nasenspitze kommen. »Das geht so!«, sagt Lucie und macht es vor.

Alle Kinder lachen. Sie versuchen auch, mit der Zunge an die Nase zu kommen, aber nur wenige schaffen es. Der Lehrer lacht. »Wir freuen uns darauf, wenn ihr nach den Sommerferien in unsere Schule kommt. Und wenn ihr vorher sehen wollt, was es hier noch alles gibt, kommt zum Schulfest!«

Wieder schellt die Sirene. Aber jetzt wissen Lucie, Emil und die anderen Vorschulkinder schon, dass die Stunde zu Ende ist. »Nun beginnt die große Pause«, sagt Kathi, »und ihr könnt eure Butterbrote auf dem Schulhof essen.«

Wie eine Mini-Insel stehen die Vorschulkinder auf dem Schulhof, während die vielen Schulkinder schreien, lachen und herumrennen wie wild. Zwei Mädchen aus der Klasse 2A kommen zu Lucie. Nanu, was wollen die denn?

Alexander und der ICE

»Sag, stimmt das?«, fragen die beiden großen
Mädchen gleichzeitig.

»Was?« Lucie merkt, dass ihr Herz immer
schneller schlägt.

»Dass du die Lucie bist, die den Alexander
verhauen hat?«, fragt die eine mit den Zöpfen.

»Den großen Alexander aus der Klasse 2C?«,
fügt die andere mit Brille schnell hinzu.

»Den, der im Blumenviertel wohnt?«, fragt
Lucie nach.

»Ja, genau der!«, rufen ein paar Jungs, die
hinzugekommen sind. Im Nu bildet sich ein Kreis

um Lucie. Alle sehen sie an. Ob sie jetzt einfach lügen und sagen soll, dass sie so stark ist wie …

»Nein«, sagt Lucie und sieht auf ihre neuen Sandalen. »Der stand mir nur im Weg.«

Emil macht einen Schritt nach vorne. »Ich hab's genau gesehen!«, ruft er mit fester Stimme.

»Was gesehen?«, wollen die Schulkinder wissen.

Emil sieht sehr stolz aus, als er sagt: »Na, wie der große Alexander Lucie aufgelauert hat. Sie konnte ihn nicht kommen sehen, denn er war hinter ihr.«

Es wird ganz still.

Emil nickt. »Ich wollte Lucie schnell in unser Haus ziehen, wo ihr der große Alexander nichts hätte tun können. Aber das hat Lucie nicht gewollt!«

Wieder geht ein Raunen durch die Runde. »Und dann?«, flüstert einer der großen Jungen.

Emil erzählt und erzählt. Wie Alexander Lucie gedroht hat, wie er ihr den Weg versperrt hat, aber sie überhaupt keine Angst hatte, wie Emils Papa schon rauskommen und mal ein ernstes Wörtchen mit dem Jungen reden wollte. Emil holt Luft, seine Wangen haben sich gerötet. So viel hat er noch nie hintereinander erzählt. Aber alle sollen wissen, wie mutig seine Lucie ist.

»…und dann ist Lucie einfach an dem großen Alexander vorbeigerauscht, so wie ein …«
Emil überlegt. »So wie ein ICE mit Tempo dreihundert«, schließt er seinen Bericht und zischt wie der schnellste Zug im ganzen Land.

Lucie sieht Emil überrascht an. Wie ein ICE hat sie sich an dem Abend wirklich gefühlt! Und sie wusste ja gar nicht, dass Emils Papa ihr helfen wollte. Sie lächelt Emil an und Emil lächelt zurück.

Das Mädchen mit der Brille zupft an Lucies Ärmel. »Willst du mitkommen?«, sagt sie und zeigt auf etwas, das Lucie inmitten von den großen Schulkindern gar nicht sehen kann. Lucie sieht sie verwundert an. »Wohin?« Das Mädchen mit den Zöpfen sagt: »Na, zur Stange! Das machen wir jede Pause.«

»Au ja«, ruft Lucie, und dann erst fragt sie Kathi: »Darf ich?« Lucie tritt von einem Fuß auf den anderen. Das mit der Stange ist ihr viel wichtiger, als ihr Butterbrot zu essen. Sie will unbedingt sehen, wie die »Todesrolle« geht, und es vielleicht sogar selbst ausprobieren. Da nickt Kathi.

»Ja, ich komme mit!«, schreit Lucie. Die beiden Schulmädchen fassen ihre Hände, die eine links, die andere rechts, und dann rennen sie quer über den Schulhof zu der Stange.

Dort stehen schon viele andere Schulkinder.

»Das ist die Lucie, die mit dem großen Alexander fertig wird«, stellen sie die Mädchen vor.

»Boa!«, »Cool«, »Hammer!«, sagen die anderen und sehen Lucie an. So bewundernd, wie sie noch nie große Schulkinder angesehen haben.

Auf einmal weiß Lucie, dass sie mit allem fertig wird. Auch mit der »Todesrolle«. Aber leider sind vor ihr so viele andere an der Stange dran, dass die Sirene, nein, die Schulglocke, schon schellt, bevor Lucie überhaupt dran ist. So was Blödes! Lucie tritt gegen einen Stein, dass er gegen den nächsten Mülleimer fliegt. Den Überschlag an der Stange hätte sie sich jetzt gleich bestimmt getraut. Oder zumindest ein bisschen. Schon wieder wird da nichts draus.

Alle Schulkinder laufen in die Schule. Auch die beiden großen Mädchen aus der Klasse 2A müssen zurück in ihre Klasse. »Tschüss, Lucie«, rufen sie und rennen los. Aber dann bleiben sie stehen und drehen sich zu Lucie um: »Kommst du heute Nachmittag auf den Schulhof? Dann zeigen wir dir, wie die ›Todesrolle‹ geht, okay?«

»Okay«, sagt Lucie lässig wie ein echtes Schulkind. »Vielleicht bringe ich noch einen Freund mit.«

Als die Vorschulkinder in Zweierreihen zurück zum Kindergarten gehen, ist etwas anders als auf dem Hinweg. Nun geht Okan neben Jan-Niklas und Lucie neben Emil. Sie sagen nicht viel, aber als sie über den Zebrastreifen kommen, fängt Emil an zu lachen. »Weißt du, was passiert ist, als Mama Tomate, Papa Tomate und Kind Tomate über den Zebrastreifen gegangen sind?«

Lucie kichert und gibt Emil einen Stups, aber so einen ganz netten. Wie unter alten Freunden. »Sag's schon.«

Emil grinst. »Kind Tomate hat getrödelt und nicht auf die Autos geachtet. Da kam ein dicker fetter Laster. Mama Tomate hat sich schnell nach Kind Tomate umgedreht und laut gerufen: ›Oje, Ketschup.‹«

Lucie muss so lachen, dass sie nicht weiter-gehen kann. Emil erzählt den Witz noch oft an diesem Tag, bis ihn alle Kindergartenkinder, die Erzieherinnen, die Jahrespraktikanten und sogar der Koch gehört haben. Aber bevor sie abgeholt werden, muss Emil Lucie etwas Wichtiges fragen. Das ist nicht so leicht wie ein Witz. Emil hält sich an seinen Hosentaschen fest, als er leise fragt: »Hast du heute Nachmittag Zeit?«

Im Schreibwarengeschäft

Lucie findet schon, dass sie Zeit hat. Aber ihre Mama meint, dass sie unbedingt die ganzen Schulsachen kaufen müssen, die ein Schulkind so braucht. Sie zeigt Lucie eine lange Liste. Lucie stöhnt. Das wird ja ewig dauern, das alles zu besorgen. »Mama«, sagt sie, »können wir das nicht morgen machen? Heute muss ich unbedingt auf den Schulhof.« Von der »Todesrolle« sagt sie lieber nichts, sonst darf sie bestimmt nicht hin.

Ihre Mutter überlegt.

»Mama«, sagt Lucie mit ihrer Es-ist-richtig-wichtig-Stimme. »Zwei große Schulmädchen warten auf dem Schulhof auf mich. Da muss ich unbedingt hin! Und Emil kommt auch mit.«

Da lacht Lucies Mutter und sagt, dass man so eine wichtige Verabredung natürlich nicht verpassen kann. Aber dass sie zuerst in die Stadt fahren werden, um die Schulsachen zu kaufen, und danach zum Schulhof …

Aber Lucie muss noch etwas Wichtiges wissen: »Können wir Emil mitnehmen?«

»Ja, frag seine Mama …« Den Rest hört Lucie schon nicht mehr, denn mal wieder ist sie auf Stoppersocken zu Emil herübergeflitzt.

Mit ihren langen Listen fahren sie in die Stadt und gehen in ein Schreibwarengeschäft. Da kaufen sie dünne und dicke Pinsel, einen Farbkasten, Hefte, Blöcke, Patronen und vieles mehr. Aber das Spannendste ist, dass Lucie sich ihren ersten Füller aussuchen darf. Sie nimmt viele in die Hand und entscheidet sich für einen feuerwehrroten, damit kann man bestimmt schön schnell schreiben.

Emil braucht keinen Füller mehr, den hat er
schon im Osternest gefunden. Beladen mit zwei
Tüten, kehren sie zurück.

Nun kann Lucie keine
Sekunde länger warten.
Sie und Emil fahren
auf ihren Rädern, ihre
Mama geht zu Fuß zum
Schulhof. Die beiden Mädchen
sind schon da und laufen ihnen entge-
gen. »Hallo, Lucie«, rufen sie, so als ob sie Lucie
schon richtig lange kennen würden. Aber das tun
sie ja noch nicht, darum sagen sie ihre Namen.
Die mit den Zöpfen heißt Ebru und die mit der
Brille ist Anna. Wie Lucie heißt, wissen sie ja
schon längst, aber Lucie sagt trotzdem was: »Das
hier ist mein bester Freund Emil.«

Emil strahlt. »Stimmt«, sagt er.

Heute ist der schönste Tag überhaupt, findet
Lucie. »Und was machen wir jetzt?«, fragen Ebru
und Anna.

Lucie wirft einen schnellen Blick zu ihrer Mama. Die sitzt in der Sonne auf den Treppenstufen von einem der Häuschen und hat die Zeitung aufgeschlagen. Man sieht nur noch ihre Beine und Arme.

Sehr gut, denkt Lucie und flitzt zur Stange und umfasst sie mit beiden Händen. Und als ihre Mama viel später die Zeitung zusammenklappt, da dreht sich etwas blitzschnell und todesmutig an der Stange und kreischt: »Guck mal, Mama, so geht die ›Todesrolle‹.«

Auf dem Nachhauseweg haben Lucie und Emil sooooo viel zu erzählen. Dass die Schulkinder manchmal Wandertage machen, sogar in den Zoo oder in ein Museum fahren! Die ganze Schule hat einen Spendenlauf gemacht und so ganz viel Geld für arme Kinder gesammelt. Die Klasse von Ebru und Anna geht regelmäßig in die Bücherei und … Nein, daran mag Emil lieber nicht denken. Große Schulkinder fahren – ganz ohne ihre Eltern – auf Klassenfahrt und

wohnen dann für ein paar Tage in einer Jugend-
herberge.

»Ebru und Anna haben gehört, dass da nachts
Streiche gemacht werden«, erzählt Lucie, und
dann beißt sie sich auf die Lippen.

Ihre Mama aber grinst. »Hm«, sagt sie, »das
war früher auch schon so. Manche haben sogar
in der Schule Streiche gespielt.« Sie grinst noch
mehr.

»Echt?!«, ruft Lucie. Das wird ja immer
besser. »Erzähl, Mama, was haben die denn so
gemacht.«

»Ach«, sagt ihre Mutter und schüttelt bedau-
ernd den Kopf. »Das ist schon Ewigkeiten her,
das muss ich alte Frau wohl alles vergessen
haben.« Aber es blitzt in ihren Augen, als sie das
sagt.

Ob Mama auch nicht immer so ein ganz braves
Mädchen war? Könnte gut sein, denkt Lucie und
ist sehr stolz auf ihre Mutter. Sie fasst ihre Hand.
Mit der anderen schiebt Lucie ihr Rad. »Ja, ja«,

sagt sie, »ich weiß auch schon gar nicht mehr, welche Streiche so im Kindergarten passiert sind. Das ist ja fast schon Ewigkeiten her.« Zumindest die meisten.

»Wieso?«, meint Emil. »Letztens, bei dem Wasserfall am Waschbecken, da hat es die Kathi kaum geglaubt, als sie in den Waschraum gekommen ist.«

»Ach so?«, sagt Lucies Mama.

»Ja«, ruft Emil, »weil im Gruppenraum gar nicht so viel Wasser war. Aber im Waschraum …«

Da lässt Lucie schnell die Hand von ihrer Mutter los und legt den Finger auf die Lippen. Jetzt spricht sie lieber von etwas anderem. »Der Lehrer hat gesagt, sie freuen sich auf uns, wenn wir nach den Ferien in die Schule kommen.«

»Was meinst du, wie die sich erst freuen, wenn ihr da seid«, sagt ihre Mama und fängt an zu lachen. Komische Erwachsene.

Eine Polizistin im Kindergarten!

Dann kommt eine Polizistin in den Kindergarten. Sie hat wirklich eine Pistolentasche an ihrem Gürtel! Ob da etwas Schlimmes passiert ist? Emil nimmt seinen ganzen Mut zusammen und fragt, ob da eine echte Pistole drin ist und er die sehen darf?

Er hält den Atem an, als die Polizistin die Pistole herausholt und hochhält, damit alle Vorschulkinder sie sehen können. »Aber die werden wir heute nicht brauchen«, sagt sie und steckt die Pistole zurück in die Tasche am Gürtel. Denn heute wird die Polizistin den

Vorschulkindern zeigen, wie man sicher im Straßenverkehr unterwegs ist. Dazu braucht man keine Pistole.

Eigentlich schade, denkt Emil und stellt sich vor, wie die nette Polizistin ganz schnell hinter einem gefährlichen Dieb oder Einbrecher herrennt und schreit: »Stehen bleiben oder ich schieße!« Rums, da ist er gegen Okan gerannt. Denn Okan, die Polizistin und alle Vorschulkinder sind stehen geblieben. Sie erklärt den Kindern ganz genau, was man alles von Ampeln bis hin zu Zebrastreifen wissen muss!

Dann wird es spannend. Nun muss jedes Kind eine kurze Strecke ganz alleine gehen. Als Lucie dran ist, macht sie keinen Schritt. Es geht nicht. Die Autos sausen auf der Straße an ihr vorbei und sie hat Angst, schreckliche Angst. Die andere Seite ist so weit weg und … sie sieht nicht mehr die Ampel, weil die verschwimmt. Dann ist jemand Großes an ihrer Seite. Lucie schaut auf. Es ist die Polizistin.

»Ich weiß, dass du das kannst«, sagt sie ruhig und lächelt Lucie an. »Denk an das, was ich euch eben gesagt habe.«

Lucie nickt. Die Polizistin weiß, dass sie die mutige Lucie ist. Also, meistens, eben eher nicht. Lucie geht bis zur Ampel und bleibt stehen. Es ist fast so, als ob sie die Stimme der Polizistin hört, die ihr sagt, was man wo wie tun muss. Lucie drückt auf den roten Knopf und wartet, bis das grüne Licht leuchtet. Eigentlich könnte sie jetzt hinüberlaufen, aber stopp! Die Polizistin hat gesagt, dass man vorher zur Sicherheit noch mal nach links und rechts schauen soll, ob die Autos wirklich angehalten haben. Lucie guckt, ja, die Autos stehen. Erst jetzt geht sie hinüber.

»Sehr gut«, sagt die Polizistin, als Lucie zum Treffpunkt kommt, und ein paar Tage später gibt es etwas Großartiges! Jedes Vorschulkind bekommt seinen Fußgänger-Führerschein. In jedem klebt ein Foto, so wie in dem Führerschein von ihren Eltern auch. Und – ganz offiziell – ein blauer Stempel ist da auch drauf! Lucie muss sich ihren Kinder-Führerschein immer wieder anschauen.

Auch Emil ist so stolz, dass er zu Hause zum Telefon flitzt und sofort seine Oma in München anruft. »Stell dir vor, ich habe meinen Fußgänger-Führerschein gemacht!«, kreischt er in den Hörer. »Ist das nicht der Hammer!«

Und vom anderen Ende der Leitung kreischt die Stimme seiner Oma zurück: »Wunderbar, wie groß du doch bist, und jetzt dauert es nicht mehr lange, dann gehst du in die Schule!«

»Oh ja«, sagt Emil stolz und fragt seine Mama gleich: »Wie lange dauert es noch, bis ich in die Schule komm?« Er ist enttäuscht, denn das dauert noch viele Tage. Viel mehr, als Emil Finger hat. Aber seine Mama sagt, in fünf Tagen ist das Schulfest. Was es da wohl alles geben wird?

Das Schulfest

Endlich ist es so weit, es geht zum Schulfest. Im Tulpenweg geht ein richtiger Trupp los: zwei Mamas und zwei Papas, Lucies Oma und natürlich Lucie und Emil. Aber nicht lange! Denn Lucie sagt: »Emil und ich gehen vor, ja. Wir können das alleine!«

In den letzten Tagen waren sie öfters nachmittags zum Spielen auf dem Schulhof. Alleine durften sie noch nicht dorthin gehen. Immer ist einer von den Großen mitgegangen. Aber unterwegs haben Lucie und Emil ganz genau aufgepasst und sich den Weg gemerkt.

Die Mama von Emil sagt: »Na, ich weiß nicht.«
Aber sein Papa ruft: »Los, geht vor und tut so,
als ob ich nicht da wäre.«

Lucie kichert, das ist zu komisch, denn der Papa
von Emil hat einen dicken Bauch. Als ob man den
übersehen könnte!

»Tschüss, jetzt seht ihr, wie groß wir sind«, ruft
Emil schnell, bevor seine Mama ihn doch nicht
allein gehen lässt, und geht mit Lucie los. Wie
richtige Schulkinder bleiben sie immer auf dem
Bürgersteig. An dem Zebrastreifen halten sie
an. Erst gucken sie nach links und nach rechts.
Da kommt ein Auto! Emil streckt seinen Arm
aus, damit der Autofahrer weiß: »Halt, stopp,
anhalten, da will ein Schulkind über den Zebrastreifen.« Das Auto bremst. Extra für Emil und
Lucie!

Emil strahlt, jetzt fühlt er sich wie ein echter
Polizist. Nur halt ohne Pistole. Die beiden gehen
hinüber. Von überall laufen schon Kinder und
Eltern auf die Schule zu.

»Hallo, Lucie und Emil«, rufen zwei große Mädchen und winken ihnen zu.

Emil ist das ein bisschen peinlich. Nicht dass jemand denkt, dass er in eine oder beide verliebt wäre. Er räuspert sich:»Hallo«, sagt er knapp, und seine Wangen röten sich.

Aber für Lucie fühlt sich die Begrüßung durch zwei große Schulmädchen fast so gut an wie Geburtstag und Weihnachten zusammen.»Hi, Anna und Ebru«, sagt sie lässig.»Wir kommen gleich nach, wir müssen eben noch auf unsere Eltern warten.«

Der Lehrer hatte wirklich recht. Beim Schulfest gibt es viel zu sehen – und viel zu essen. Sie kaufen zehn Lose und vier Waffeln, wovon Emil zwei alleine isst, aber er gibt Lucie drei Herzchen ab. Sie lassen fünf Luftballons in den Himmel starten, machen mit beim Büchsenwerfen und gehen lieber nicht auf die Hüpfburg. In der Schulbücherei kann man bewundern, wie viel die ersten Klassen zu einem Buch herausge-

funden und auf Plakate gemalt haben. In einem
Klassenzimmer schreibt Lucie schnell mit Kreide
LUCIE auf die große Tafel, und weil das so viel
Spaß macht, noch mal und noch mal und noch

mal, bis die ganze Tafel vollgeschrieben ist. Eine Lehrerin gibt ihr den Schwamm, Lucie wischt alles aus und schreibt wieder ihren Namen. Doch dann quengelt Emil rum, dass es ihm langweilig wird. Dabei hat Lucie doch nur mal eben ihren Namen geschrieben.

Zum Schluss schauen Lucie, Emil und die Oma noch in die Turnhalle. »Guckt mal, da gibt es alles, was Spaß macht«, ruft Lucie. Ringe, an denen man bestimmt ganz weit schaukeln kann, eine Sprossenwand, dicke blaue Matten und …

»Hinter den Toren sind die besten Sachen«, sagt eine Stimme hinter ihr.

Lucies Knie werden weich, sie dreht sich langsam herum. Vor ihr steht der große Alexander! Aber – er sieht nicht mehr wütend aus, eigentlich ganz freundlich. Er deutet auf die drei Tore, die fast wie Garagentore ausse-hen. »Dahinter sind Rollbretter und Bälle, ein Schwungtuch, Kisten und ein Pferd, über das man Bocksprünge machen kann.«

»Ne«, sagt Lucie entschieden und schüttelt den Kopf. »Da drin ist doch kein Pferd. Da ist es viel zu dunkel. Das kannst du deiner Oma erzählen!«

Neben ihr lacht ihre Oma und sagt, dass »das Pferd« natürlich kein echtes Pferd ist, sondern ein Turngerät mit Beinen aus Holz und einem runden Bauch aus Leder.

Ach so, aber jetzt muss Lucie etwas ganz Wichtiges wissen: »Gibt es hier auch ein Klo?«, wispert sie. Denn da muss sie ganz dringend hin. Oh je, bis jetzt hat sie in der Schule noch gar keines gesehen. Auch nicht, als sie mit Kathi und den Vorschulkindern in der Schule war. Was macht sie nur, wenn …

»Oh ja, das gibt es!«, sagt ihre Oma und geht mit Lucie zu den Toiletten. Da sind viel mehr Kabinen als im Kindergarten, aber egal. Hauptsache, Lucie findet jetzt schnell ein freies Klo. Es plätschert. Geschafft. Danach plätschert es noch einmal, als sie sich die Hände wäscht. Lucie sieht sich um. Hier sind viel mehr Waschbecken als im Kindergarten. Ihr fällt gleich wieder ein Streich ein … mit einem Wasserfall und einer Überflutung. Aber nein, denkt Lucie, das war ja Kindergartenkram. Sie ist jetzt bald ein Schulkind. Wie lange dauert das eigentlich noch?

Post von der Lehrerin

Es dauert endlos lange, findet Lucie. Vor allem, seit Emil in Urlaub gefahren ist. Aber sie hat schon eine Postkarte von ihm bekommen. Vorne auf der Karte ist das Meer und hintendrauf steht: *Ich war im Piratenmuseum. Da gibt es ein riesiges Aquarium mit echten Haien. Die waren größer als ich. Aber das Glas von dem Aquarium ist aus Panzerglas, sagt mein Papa. Das geht nie kaputt und die Haie können da nicht raus! Bis bald, dein Emil*

Jetzt schaut Lucie jeden Tag in den Briefkasten. Vielleicht schickt Emil ja noch mehr

Postkarten? Aber da kommen nur lauter langweilige Umschläge. Solche mit Computerschrift. Weg damit!, denkt Lucie und schmeißt sie alle in die blaue Altpapiertonne. So etwas will sowieso niemand lesen.

Aber dann ist ihr Papa ganz aufgeregt und schreit, dass das wichtige Post ist, und versucht, die vermissten Briefe aus der Papiertonne zu fischen. Das sieht ziemlich lustig aus, weil er vom Gürtel an in der blauen Tonne steckt. Trotzdem kommt ihr Papa an die Briefe nicht dran. Die Tonne ist leer und zu tief.

Lucie kann es nicht mehr mitansehen. »Papa, ich mache das schon!«, sagt sie, und ihr Vater hebt sie in die blaue Tonne hinein. Darin ist es ziemlich lustig, wie in einem kleinen Haus. Lucie klappt den Deckel auf und zu. Nur ein Fenster fehlt ihr noch und eine kleine Treppe, damit sie alleine hineinkommt. Trocken wäre es in ihrer Haustonne auch, wenn es regnet, dann würde sie schnell den Deckel zuklappen …

»Lucie, her mit den Briefumschlägen«, stöhnt Papa und reißt sie aus ihren Gedanken. Er hebt sie mit den Briefumschlägen aus der Tonne und schaut hastig die Briefe durch. »Na so was«, sagt er. »Da ist Post für dich, Lucie, von deiner Lehrerin!«

Lucie steht da wie erstarrt. Oh je, jetzt schreibt die Lehrerin bestimmt, dass Lucie doch nicht nach den Ferien zur Schule kommen kann, weil kein Platz mehr da ist. Oder – alles in ihr wird eiskalt – die Lehrerin hat von Kathi gehört, dass Lucie im Kindergarten nicht nur einen Streich gemacht hat? Vielleicht hat auch der große Alexander gelogen und in der Schule erzählt, dass Lucie ihn so verhauen hat, dass sein Ellbogen ganz blau geworden ist? Oder – noch viel schlimmer – ihre Lehrerin hat gehört, dass Lucie letztens am Teich von Herrn Schmidt war, und zwar heimlich, obwohl sie genau weiß, dass es streng verboten ist. Lucie schnappt nach Luft. Wenn die Lehrerin das alles von Lucie weiß, darf sie bestimmt nie mehr in die Schule kommen. Lucie lehnt sich an die Papiertonne und fängt an zu schluchzen, so schlimm wie noch nie zuvor. Denn es ist so traurig, dass sie nun nie lesen und schreiben und rechnen lernen wird.

Papa weiß gar nicht, was passiert ist, und ruft: »Oh Gott, hat dich was gestochen? Hast du dir wehgetan? Lucie, was ist denn nur?« Aber Lucie kann nicht antworten, sie muss zwischen den Schluchzern nach Luft schnappen.

Papa nimmt sie auf den Arm und läuft mit ihr ins Haus. Mama sucht Lucie ab, nach einem Insektenstich oder einem Ratscher. Aber da ist nichts. »Lucie, was hast du nur?«, fragen ihre Eltern ganz ratlos.

»Iiiiiich daaaaarf niiiiiiiiiicht in die Schuuuuuuuuuuule gehen«, schluchzt Lucie und heult Papas Hemd nass. Der klopft ihr leicht auf den Rücken. »Aber iwo, wer sagt denn so etwas?« Und Mama ruft, aber natürlich wird Lucie zur Schule gehen. Immerhin hat sie schon ihren Schulranzen,

ihr Federmäppchen,

ihren Turnbeutel und … was haben sie nicht alles schon für den ersten Schultag eingekauft. »Wir haben doch auch schon deine Schultüte gebastelt«, sagt Mama, »in der an deinem ersten Schultag viele Überraschungen stecken werden.«

Lucie wischt sich die Tränen weg und zieht die Nase hoch. »Du meinst, ich darf wirklich in die Schule gehen?«, fragt sie.

Ihre Eltern sind sich da ganz sicher. »Jetzt mach doch mal den Brief von deiner Lehrerin auf!« Aber Lucie will nicht, das soll Mama machen, während sie auf Papas Schoß sitzt. Wenn da was Schlimmes steht, dann wird Papa bestimmt in die Schule stürmen und verlangen, dass sie seine allerliebste Lucie gefälligst in die Schule lassen.

»Sieh nur, Lucie«, sagt ihre Mama und hält ihr den Brief hin. Da ist das Foto von einer blonden Frau, und in einer bunten Schrift steht da:

Liebe Lucie, ich bin deine Lehrerin, Frau Kirschbaum. Ich freue mich auf dich und sende dir deine erste Hausaufgabe. Male das Blatt aus und bring es bitte zum ersten Schultag mit. S. Kirschbaum

Und neben dem Wort Kirschbaum ist das Bild von einem kleinen Kirschbaum gedruckt. Lucies Herz macht einen Sprung. Ihre Lehrerin freut sich auf sie. Natürlich wird sie das Bild ganz toll ausmalen. Jetzt sofort! »Mama, kann nicht morgen schon mein erster Schultag sein?«, fragt Lucie.

Aber ihre Eltern schütteln den Kopf. »Noch achtmal schlafen!«, sagen sie. Dann ist es so weit.

Oh, wie sehr wartet Lucie auf den ersten Schultag. Einmal schläft sie sogar extra mittags, damit

es schneller gehen soll! Doch Papa lacht und
sagt, nein, das zählt nicht. Emil kommt aus dem
Urlaub zurück, jetzt heißt es nur noch:
  drei Mal schlafen,
  dann zwei,
  dann ein Mal
  und dann ist er endlich da: Lucies erster
Schultag!

Annette Langen

Kleeberg

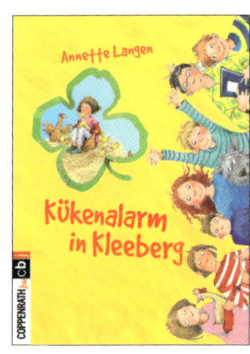  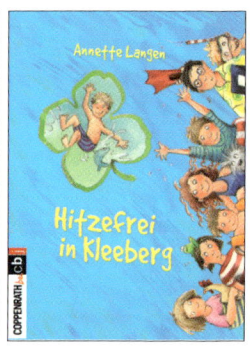

128 Seiten	128 Seiten	128 Seiten
ISBN 978-3-570-28001-0	ISBN 978-3-570-28002-7	ISBN 978-3-570-28020-1

Nicht viele Leute kennen Kleeberg, dabei ist es nirgendwo so schön wie in dem kleinen Dorf auf dem Hügel. Da sind sich die Kinder, die dort wohnen, einig. Schließlich sorgen Leonie, Fabian, die Zwillinge Emilia und Bastian, Nils und die drei »Ms« Max, Malte und Marinus auch dafür, dass immer etwas los ist. Und wenn sie nicht gerade bei der Kartoffelernte helfen, bauen sie einen Staudamm oder kümmern sich um die vielen Tiere.

www.cbj-verlag.de